이창희 제1시집

바람의 길목에서

바람의 길목에서

시인의 말

본디
막막하기 그지없는 바다에
내가 만든
몇 마리의 물고기를
풀어 놓으면 좋을까

이 물고기를 풀어 놓음으로 바다는 어떻게 되고, 강과 내 그리고 도랑은 어떻게 될까? 원래 없던 것이 하나 들어가면 하나 없던 예전과는 다를 것이란 생각이 들기도 한다. 그러나 하나 더 집어넣는 것이 예전의 것과 다름없다면…….

자신이 없다.
그래도 풀어 넣는다.

살아 숨쉬고
새끼를 치고
배고픈 어부에게는 양식이 되고

사랑 고픈 어부에게는 연인이 되는
그런 하나가 되기를 바라면서.

이 책을 엮는 데
도움을 주신 분들께
이 지면을 빌어 감사드린다.

2012년 寒露를 보내고

重默 李 昌 熙

차 례

제1부 에메랄드빛 소리

제2부 사랑의 연주

제3부 별밤 여행

제4부 이 세상

제5부 바람의 길목에서

제6부 당신의 거울

제7부 길을 가는 이에게

1부

에메랄드빛 소리

배냇냄새 나는
에메랄드빛이
내 도시의 펼쳐진 무명에
보슬보슬 소리 내어
배는 중이다

융단絨緞 비

어김없는 시간이
제자리에 돌아올 무렵
지난 한밤
문풍지 두드리는 바람을 몰고 온
너는 비

나뭇가지를 에워싼 겨울을
그녀의 가슴을 덮는 겨울을
내 머리를 씌운 겨울을
이 아침, 일찍
온몸으로 녹여주었다.

그대의 온기가 벗겨낸 자취
드디어, 희뿌연 안개로 모이면
또, 누가 이렇게 했을까
북녘으로 올라가는 겨울이 편한
밤새 다듬고 다듬은 길 드러난다.

남녘에서
부드럽게 펄럭이는 봄이

소리 없이, 사뿐 걸어오라고
융단 되어
너는 눕고, 너는 눕는다.

에메랄드빛 소리

배냇냄새 나는
에메랄드빛이
내 도시의 펼쳐진 무명에
보슬보슬 소리내어
배는 중이다.

초롱초롱 영롱한 사랑노래에
이슬비는
졸리다 맺혀
내미는 가지에 머리 베고
여유로운 대지
한껏 벙글고 있다.

계절의 참 빛

종남산* 겹벚이 꽃피면
짙푸르러가는 계절이
송광사를 지나
추출산**을 오른다.

때가 오면 나타내는
제 모습의 빛깔은
풀잎이요,
나뭇잎이다.

위봉폭포 벼랑을 오르며
하늘 지르는 물푸레의 젊은 잎은
쏟아지는 햇살을 흠뻑 마시고
손등에 솟는 이슬을
용소에 떨어뜨렸다.

어김없이 날아온 노랑나비가
기쁜 춤을 추었을 때
흘러내리는 풀물은 비로소
계절에 스민다.

---

* 종남산 : 전북 완주군 소양면에 위치한 산. 해발 608m 송광사가 이곳에 있다.

** 추출산 : 전북 완주군 소양면에 위치한 산. 위봉폭포와 위봉사가 이곳에 있다.

봄물들이기

봄 햇살 졸고 있는 시내 둑이 따분하여
바람 따라 날고 싶은 수양버들 실가지야
젓내야
입안에 감췄지만
배내털이 무성하고

물 위에 비추이는 연약한 제 잎 보고
사철을 꾸고 있는 동백나무 시샘 하나
이제는
덧칠할 수 없는 몸
서러움을 못 본 게다.

들판을 가로질러 산골을 굽이쳐서
자라나는 물줄기는 시작부터 굵었을까.
말없이
흐르던 시냇물도
미소 짓고 묻는구나.

이곳저곳 눈길 따라 네 마음이 춤을 추면
흰나비 호랑나비 예쁜 것을 못 가린다,

이제는
거울을 다시 보렴,
티 없는 너의 빛을

기뻐하는 네 모양에 하늘조차 맑게 개고
고사리 꿈 녹인 빛은 뭉게뭉게 퍼져간다
아느냐
천지간 네 물빛이
봄 햇살을 재웠음을.

꽃 그네

꽃줄기 나부끼는 새 삼월 아침에는
멀리서 오시는 임 푸른 옷이 향기롭네.
바람에
실려 온 그네 위에
다소곳이 앉은 내 임

그 임이 오실 길이 멀고 험해 애탔더니
오늘 꽃비 그네 되어 고이고이 모셔왔네
어여뻐
하늘 나는 빗줄기
우리 임이 설레겠네.

네 기둥 안 미녀 눈은 못 잡는 게 없다 하며
막무가내 쓰는 떼엔 이길 이가 없겠으니
임이여
이 안에 어서 와서
마주보고 웃어주오.

한벽루 봄빛

초록이 쏟아지는
한벽루* 아래 드러누운 보洑를 넘다
잠시 서서 출렁이는 저 물결
은빛 햇살 조각을 튕겨낸다

물결 위에 늘어지는 수양버들
그늘을 배 띄우더니
평상 위에 앉아 내 마시는 술에
무슨 일로 제가 취하나

그대와 정담은 자장가요
어깨를 쓰다듬는 바람도 수상하고
앞서 가던 시간마저 취했으니
어울린 한 잠 쉼은 어떠하랴

취하지 않은 것은
오직 저 어린 것뿐인가
살랑 부는 부챗빛 꿈을
쉬엄쉬엄 풀고 있다.

---

* 한벽루 : 전라감영의 부속 건물로 남원광한루 무주한풍루와 더불어 호남3루의 하나이다.

봄 사랑

따스한 가슴으로 얼굴을 얼싸안는
그대의 내미는 손이 하도 예뻐서 그냥 취하여
마당으로 들어가니 참꽃 봉오리는 아직 수줍어라.

터뜨리는 싹 눈망울, 망울마다 여린 속살의 향연에
깜빡 조는 산정山頂 친구 안타까워 연신 흔들어대다가
머릿결 추스르며 꼬집는 다가가서 깨물고 싶은 바람.

둥지 짓다 깜짝 놀라
나 잡아봐라 나 잡아봐라 날 약 올려
제 집 멀리 떼놓으려 수작하는 뱁새야
나는 네 친구니 같이 살자 걱정 마라.

여보, 오늘은 시름일랑 벗어서 저이에게 주고
뿌려지는 쑥, 나물을 도란도란 캐고 캐서
저녁 밥상에 봄 사랑을 가득가득 올립시다.

오월의 아침 나절

사알짝
젖비린내 풍기는 푸르른 바람에
포동포동 살 오르는 이파리 가득한 날이
온 세상에 실려 온다

감기는 눈꺼풀 속에
앳된 꿈 깊이깊이 스미던 눈이
다가오는 부드러운 창공으로
초롱초롱 빠져든다.

가끔씩
앞을 가로막는 구덩이를
싱그러운 웃음으로 내달아
뛰어넘는 오월은 자유로워라

어느 틈
슬그머니 다가온 해시계 그림자에
화들짝 놀라 달아나는 까투리마냥
퍼덕퍼덕 흩어지는 아침 나절.

오월 풍경

미처 지르지 못한 아우성은
가슴 틔운 해와 달의 어울림 끝에서
마침내 우레를 끌고 단숨에 산꼭대기로 치달아
거칠게 펼친 날개 위에 터뜨린 푸른 꽃이다

바라볼 수 없는 눈부신 빛은
어머니 대지의 포근한 어둠 속에서
생명으로 희미하게 시작하였으나
주체할 수 없이 하늘을 휘감는 정열이 되었다

흘러내리는 맑은 물을 가득 모으고
파르르 떨지 않아도 물을 굴리는 이파리와
다가온 햇살을 부드럽게 감싸안은 채
뿌리를 키우는 것은 나의 오월이었다.

가을로 오는 여인

신새벽 하늘이 푸른빛으로 열리고
저절로 가는 길 위에 서 있는 내 앞으로 사뿐사뿐 소녀가 걸어왔네.
아무것도 걸치지 않은 순결한 광채에 눈을 뜨지 못하고,

가끔씩 오가는 바람이 일러주는 대로
머리 빗기고
자장가 부르고
들판의 앳된 초록 이파리로 저고리 치마 만들어 입히고
생명의 물 먹이면
금세 자라는 아이
짙은 잎 따서 새 옷 짓기 하네.

그렇게 자라던 아이는
어느새 훌쩍 커서 걸음 옮기는 것 같아
조바심에 뛰다가 그만
앞질러 가고 말았네.

이 가을로 저만치 걸어오고 있는
농익은 여인

드러나는 풍만한 젖가슴
어이 달래나
숨이 멎을 것 같은 이 설렘을

나무 끝에 온 겨울

겨울은
옷을 벗는 나무 끝으로 왔다

앙상한 가지 끝에
다정한 듯 앉아서
찬바람 불러 쉬어라 하더니, 어찌
별안간 휘둘리나

가지를 흔들어 후려쳐도
살짝 피한 바람은 멀쩡할 뿐이고
하늘을 나래 피는
애꿎은 백조만 상하였네.

부드러운 깃털이 날린다. 펄펄
나무 끝에 온 겨울 심사
바보처럼 곱기도 하지.

눈 내린 아침

설레는 마음을
정월 하순 온고을*은
아무 일 없을 거라고 했다
너무나도 당연하게 잠잠히 한밤을 보내고
무심코 일어나 나선 길

별안간 떠오르는 세상
한벽루를 감싸안는 노송老松의 솔잎마다
대천大川에 늘어진 수양버들 가지마다
새하얀 애기깃털 포근히 붙여
누가 앞으로 밀어 놓았다

천사의 노래가 이보다 고운가
어리는 안개가 자아내는
제멋을 뽐내는 저 군상群像의 화합和合은
온통 희고 흰 시간으로 넘쳐흐르고
황홀恍惚한 기쁨은 아침이 되었다

* 온고을 : 전주의 우리말 이름.

되돌아 그 순간으로 갈 수 있는가
눈 오신 다시 없는 순간
희다가 차라리 새파란 깃털의 합창
가슴에 영롱한 꿈으로 새겨
꾸어내고 꾸어낼 내일을 벌써 기다린다

눈의 나라

아이들이 뛰쳐나가고
하늘이 잿빛으로 펼쳐진 지 오래.

머리머리마다
쌓인 흰눈이 수북한
여기는 눈의 나라

여행에서 돌아온 부부의
고향 어머님 신혼 인사길을
빼앗아버린 나라의
발아래서 산꼭대기까지는
굽이굽이 눈 시린데

한 번 뛰고 싶은 생각이 일다가도
조각난 시간 센 바람 탓해보고
잿빛이 짙어져도
뛰노는 무리들에 덩달아 들떠서

머리머리마다
따뜻한 마음 가득한 여기는
사람 사는 눈의 나라.

꽃망울

남으로 내려가며
울먹이던 추억은

어느새
촉촉한 하늘을
가슴에 품고 돌아와

긴 사선을 그으며
바람에 날리는 미련을
눈뜨는 이파리에 스며 넣고

시절은
연지 물든 꽃봉오리로
망울망울 맺혀 일어선다.

푸른 나무

높은 하늘이 쪽빛으로 차올라
애기산 품에 안은 어미산 마루에
하얀 구름모자 씌우면
가득히 미소 띤 바람은
오후를 싣고 온다.

여름으로 가는 햇볕이
사정없이 쏟아져도
구김 없이 뻗어 오른 전나무는
장옷*의 그림자 드리우고
환히 터지는 시원한 향내가 하늘 가득 가슴에 들어오는
고운 숨을 내쉰다.

가끔씩
한 줄기 바람아 크게 일어라
밤나무 그늘이 능청거리면, 나는
시위 당기는 가지 그네 타고
꽃구름 속으로 날아가자

* 장옷 : 조선시대 때부터 여자들이 얼굴을 가리기 위하여 머리에 쓰던 두루마기

푸르른 오늘
숲 속 나무 사이로 심는 한 송이 장미
벌써, 사람들은 가지 밑에 돗자리 깔고
밤나무 전나무도 그네를 타는
둥구나무가 된다.

모악산에서
— 운해포구雲海浦口

모악산* 봉우리 너럭바위 아래로
꽃가루가 계절처럼 골을 타고 달리면
숨 가쁜 춘정만이 날개 펴서 뒤따르고,
온고을 감고 도는 산하傘下의 산맥山脈들이
구름의 봄 바다를 잔잔히 출렁이면
저를 보는 내 마음이 울렁울렁 춤을 춘다.

나는야 오월의 산정포구로 솟아올라
출렁이는 작은 배에 큰 파도를 올려놓고
파아란 유혹 속으로 저어서 간다.
바람은 고물에 앉은 여인에게 흐르고,
길고 검은 머리칼이 등 때리는 그 꿈으로
재촉하는 흰 마법을 자꾸 거는 산에서.

* 모악산 : 전라북도 전주시 완주군 김제시에 걸쳐 있는 산

구천둔九千屯*

무주– 하고,
구천동– 하면
하늘 찔러 무디어진 물푸레나무, 참나무
새파란 풀밭이
청 초롱 불 밝혀 마중 온다.
전나무 아래 돌담 틈새마다 배겨
비 기다릴 것 없이 싱글거리는 이끼의 등에서
연잎처럼 기름 먹은 빛깔이 구르고
백련사 아래 물소리에 묻히는
천 년이 모자라는 이속離俗의 사랑이 있어
그리움이 남고
내가 남는
구천둔九千屯에서, 나는
언제나 빈 몸이 된다.

---

* 구천둔(九千屯) : 무주 구천동의 다른 이름, 불교의 번성시 승려가 구천 명 이상 수도를 했다고 해서 붙여진 이름이라고도 한다.

나그네

한벽루 쉬는 맑은 바람
날개 접는 천년학
물조차 흐르다 거품으로 서면
펄럭이는 도포 위 음률에
일어나는 수풀.

옥피리에 흐르는 구슬
귀 가늠으로 찾아 들고
누각 아래 멈춰 서서
탁배기 한 사발 청하노라.

한 숨에 적막
한 가락에 어깨춤
네 한 잔에
내 한 잔 따르게나.
이런들 어떻고 저런들 어떠랴.

강물도 취해 잘 즈음
계단 딛고 풍루에 오르면
달 아래 춤추는 절창絕唱

노니는 가락에
잠기고 잠기고픈 나그네.

2부

사랑의 연주

나는야 네가 되고 너는야 내가 되면
하나 된 가슴으로 파도치고 파도친다.

합창대

부드럽게 들었다.
이윽고
맨손은 허공에 점, 찍고
긴장하였으나 마음을 연 시선
하나에 모였다.

그윽한 눈빛은
청하는 시작이 단호하고
저마다 저어 나아간다.
펴든 손에 한 무리 그치고
가르는 한 손에 한 무리 나아가다
혼신의 열정에 온 무리가 내달리니
달밤에 포진하는 대열이요
도둑처럼 진군하는 나팔이요
몰아치는 폭풍 속의 파도이다.

소리 없는 노래
때로는 가슴이 뛰고
때로는 머리털이 솟고 어깨가 요동치니
영원한 합창대여
세상은 그대의 것이다.

사랑의 연주
— 열린 음악회*

다정한 별들이 영롱히 머무르는 초저녁
가슴 열린 우리들의 음악회엔
사랑 마음 가득 실은 노래들이 쏟아진다.
언제나 눈이 예쁜 그녀도
함께 있다.

웃으며 불러주는
네 노래에 내가 울고
울면서 불러주는
네 노래에 내 웃으면
한밤의 사랑 속에 친구 되어 들어간다.

인생은 음악가다
연주하고 부르는 일
보는 이 내가 되고 부르는 이 네 되어라
나는야 네가 되고 너는야 내가 되면
하나 된 가슴으로 파도치고 파도친다.

---

* 열린음악회 : 한국방송(KBS)에서 장기간 지속하는 음악회로 서울과 지방을 오가며 개최하여 고전음악과 대중음악의 구분을 없애고 공연하는 것이 특징이다.

번영로繁營路에서

번영로繁營路* 백 리百里
철 지난 꽃보라가 에워싼 오후 아래
저만큼에 있는 나와
옆에 있는 그대는
나란히 서서 다정하다

화사한 꽃잎 속에서
외롭지 않아 연인이 되고
꽃 피울 때도 싹 틔울 때도
남풍南風 속 한설寒雪에서도
우리여서 따뜻했다

시작에서 끝은
마주하여 둥근 원이며
작고 큼은
소우주, 대우주의 이음

---

* 번영로(繁榮路) : 전주 군산을 잇는 26번 도로. 1908년 일제가 대한제국 정부를 설득하여 만든 우리나라 최초의 아스팔트 도로로서 전군가도全群佳道.라 하였지만 사실은 호남평야에서 공출한 곡식의 이동로로 쓰기 위해 개설된 도로이다. 1960년대 대통령이던 박정희가 확장을 하면서 번영로라 이름 붙였고. 1970년대 초 재일동포가 기증한 왕벚나무 묘목을 가로수로 심어 해마다 이곳에서 벚꽃축제가 열린다.

이음은
우리의 잡은 손이 되었다

번영로 백 리
꽃잎은 하늘을 덮으려 해도,
하나와 하나가
빛 더하는 사랑이 있어
영원을 세고 세었다

한여름 밤 합창

늘어진 팔월의 몸에
얹혀 가는 낮의 길손들
달아오른 뿌리
어둠으로 식힐 때

앞다투어 무리짓고
파란 피울음을 하늘에 흩는다.
차례에 지친 마지막 한 무리도
동행을 불러 쉬던 의식을 재촉한다.

이 한밤 아니면
끝날지도 모르는
우리의 세월을 이어가자
슬퍼서 아름다운 희망의 노래

너는 나에게,
나는 너에게 주는 생명의 소리
영원히 이어야 할
한여름 밤 합창 펼쳐진다.

목련화

물오르는 사월 앞뜨락에
담장 너머 늦게 스민 작은 햇빛 다독이고
흰 저고리 소매 펼쳐 얼싸안는
먼 옛날 같은 어여쁜 여인은
고운 목선 드러내어 하늘을 밝혀낸다.

아직은 차가운 한 줄기 바람에도
내색도 없이 울렁이고
속마음 보일까 여미는 꽃잎 속에서는 차마
숨길 수 없는 고운 향이
피어나고 피어나는데.

뜰 안에 펴지는 가득한 살내음은
임 오실 길목만 왜 이리 늘이는지 애만 태우고
담장 위로 넘어가는 붉은 마음 옷고름만 하얗게 물들이다
부끄러움이야 돌아볼 겨를도 없는가
제가 먼저 앞섶을 헤친다.

어디쯤에 있는가
너를 기다리며 익어가는 저 꽃은

안방에도 흰 그리움 수놓은 지 오랜데
내가 먼저 걸음하여
이름 짓고 싶어라

여린 꽃

바람이
긴 하품으로 늘이는 나른한 오후
더불어 머무는 시샘조차 좋아도,

내 안에 살아나는
연분홍 춘향春香은
다정한 임이 더욱 생생하여라.

이미 일깨운 추억은
망울의 껍질로 자라다 자라다
회색의 허물로 굳어 바래도,

주체할 수 없는 설렘에
망울의 껍질을 머리 위로 밀어 올리며
붉게 애태우는 여린 꽃

---

* 월간 『문학21』(2003.6.) 신인 당선작

초롱꽃

산기슭 풀밭에서
말없이 비추더니
척박한 작은 땅에도
말없이 불 밝혔다.

풀냄새 가득히 보내주는
은은한 체취는 맑고 맑은 정성이어라
첫 불이 꺼지고 다음 불이 꺼져도
다음 불에 다음 불로
남김없이 사르는 사랑아

스러진 초롱꽃은 마침내
아쉬움조차 없어 가벼운데
서 있는 나의 못 비운 사랑은 이제
바위 되어 남는다.

무죄無罪

나비되어 하늘 나는
빠알간 자산홍 태에
날개 잡아 촉수 세우는
한 마리 어린 벌.

홍색에 취해 꿀향 잊은
쓸모없는 오랜 날갯짓
기다린 듯 날 것조차 잊은
아랑곳없는 자산홍.

날아가다 되돌아보면 취하고
취하면 다시 날아옴을
그 뉘 모르겠냐만
향긋한 꽃빛엔 아무 죄가 없다네.

다만, 취한 게 죄일 뿐인 걸.

춘향로春香路의 밤

붉게 물던 서산 해 잔상마저
용솟음치며 뉘엿거리면
지리산하智異山下 옛 고을
돌아온 전설가인傳說佳人 사랑가에
춘정春情이 살아 오르네.

오색 음률에 젖고 젖어
하늘 치솟는 밤 분수噴水는
한없이 사랑하는 연인戀人인데
귀동냥, 눈 아웅에
사랑가락 다툰들 무엇하랴?

변하지 않는 오랜 순애純愛 찾아
그래도 모여드는 방방곡곡 남과 여 사이로
잘 다듬어진
젊은 아줌마 몸매 같은 동동주 호리병이
춤추는 요천 야시장

아…
작은 술 독에 표주박 휘저으며

지명청가指名請歌로 밤 지새운 그
그리운 얼굴들 위에서
마주보고 서로 안는
불꽃 터지는 춘향의 거리

사철 피는 꽃

오월엔
푸른 윤기내는 이파리에서
출렁거리는 형형색색 꽃 무리가
가득 가득 날개를 벌려 서는
꽃가게가 기지개를 켠다.

그림자 걷혀질까 겁을 내는 차양 아래
화려한 새벽 수반이 신비로운 향을 담고
이곳저곳으로 길을 나섰지만
마침내 도착한 방안에서는, 이내
시들고 향마저 사라져버린다.

꺾어버린 꽃대에
찾아온 시들음이
어제를 품에 안고 지나가고 말아도
찾아온 내일의 피움은
다시 온 어제의 시듦이다.

거친 빈 화단에 뿌리내려
은은히 내 향을 흩날리고

시들지 않는 빨간 장미를
사철 덩굴로 피우는
내 사랑아 영원하여라

사랑의 이력

가마에서 갓 구운
말랑이며 새록새록 오르는 김
사랑 나눌 한 덩이
어여쁜 빵의 이력.

수화기 너머
보드라운 속삭임과
단단한 알곡 꺼내
빻은 가루 반죽하여 넣었네.

한여름
익은 볕 아래서 거둔
싱그럽게 여문 결실들마냥
땀 흘리며 사랑도 넣었네.

미소짓는 온화한 토양에
설레는 희망으로
우리의 작은,
아주 작은 진실한 마음씨 뿌렸네.

당신은 나를 그렇게 사랑하고 있습니다

사랑하는 사람은
미워하는 사람입니다
왜냐하면
너무 좋아 어쩔 줄 몰라
차라리 미워하기 때문이죠.

사랑하는 사람은
늘 귀찮게 하는 사람입니다
왜냐하면
늘 그의 옷을 벗기고
만지고 또 만져보고 싶기 때문이죠.

사랑하는 사람은
늘 불안한 사람입니다
왜냐하면
너무나 편안하여
그가 없으면 너무나 불편하기 때문이죠.

사랑하는 사람은
늘 아까운 사람입니다

왜냐하면
너무 많이 보다 행여
닮을까 겁이 나기 때문이죠.

당신은 나를 그렇게 사랑하고 있습니다.

나는 모릅니다

당신은 지금도
마주보는 나를 사랑합니다

당신의 사랑은
바라보는 나에게
천사의 얼굴로 웃어주는데, 하지만
나는 모릅니다.
당신과 똑같은 사랑이
내 마음에 있는 건지

당신의 사랑은
나보다 더 아파서 웁니다. 하지만
나는 모릅니다.
당신과 똑같은 아픔이
내 마음에 있는 건지

당신의 사랑은
따뜻한 가슴으로 나를 감싸줍니다. 하지만
나는 모릅니다.
당신과 똑같은 가슴이

내 마음에 있는 건지

당신은 지금도
마주보는 나를 끝없이 사랑합니다. 하지만
나의 사랑도 끝이 없는지, 정말
나는 모릅니다.

사랑의 빛

바람은 스치듯
가슴을 불어 눈을 열고
어리둥절한 졸음 건너편
빛에 싸여 오신 그대.

그대를 싸고도는 빛
무슨 빛인지
얼굴에 바른 마음
한 손으로 든 거울에
다른 한 손으로
그대의 빛깔 묻혀 재보고

사랑의 빛
얼굴 가장 예쁜 데에
고이고이 바를 테니
그대도 보소서.

사랑
—알 수 없는 것

애간장 녹고
창자가 끊어져 토하는 피가
하늘을 물들이는 만큼
너를 향한 미움.

고개를 젖혀도
멈추지 않고 눈에서 솟아
바다가 되는 만큼
너를 향한 아픔.

무엇인가
토하고
쏟는 만큼 늘어나는
도무지 모를 이것은.

사랑
— 그냥 두려운 것

파아란 봄날에
찬바람 등진 해

그냥
산 위 구름 한 점이
두렵고,

졸음에만 겨워
하품하는 어린 잎이
아무것도 몰라
화들짝 놀라고.

어머니의 집*

흰 구름만이 홀로 노니는
자애 산慈愛山 헐린 옛집은
사랑만이 빠져나간
빈 방이 커져만 가고,

네 어린 베개가
아직도 숨쉬는 장롱에는
어머니 나이가
해진 이불 틈새마다 녹아들었다.

먼저 떠난 지아비보다
산을 허물며 키운
자식의 웃음이 머리에서 커가는 줄
저 구름도 안다마는

도회의 콘크리트 숲 속에서
이제는 마디마디
시리는 어머니의 집을
모른 채 드러누운 내 죄를 물으라.

---

* 월간 『문학21』(2003. 6.) 신인 당선작

까만 빗소리

아련한 소리를
짐작이야 못하겠는가
이렇게 마구 쏟아지는 비는
지친 몸을 식히고
남는 이의 실 같은 희망도
빗방울 위에 싣게 한다.

저 비는 이야기하지
바다에서 태어나
숨 가쁜 오름과
어느 날 맞닥뜨린 찬 기운의 맺힘과
끝없이 떨어져내림과
하얀 부서짐 뒤에
고향 깊은 바다로 돌아간다고.

떨어지는 빗무리의
행진곡 빠른 가락 위에서 튀고 있는
많은 날의 기억조각들이
태초로 떠나는 우리 임을
보낼 준비를 하며
자꾸만 키우는 까만 빗소리.

3부

별밤 여행

저 멀리
박히는 자리마다
이어가는 점 점 점
그어진
선 하나에
여행을 오고 가네

별밤 여행

산마루 쉬어 가는 어스름 삼킨 하늘
내뿜는 숨결 따라 유리 빛 토해 흩어
저 멀리
박히는 자리마다
이어가는 점 점 점

태양에 묻혀 있던 충혈된 너의 영혼
별빛이 밝아짐에 그리움만 깊어져서
그어진
선 하나에
여행을 오고 가네

덩굴장미

몰아치는 비바람 속에 서 있는
담장 위 하늘로
찢어지는 이파리를 끌어안으며
빨간 마음 올리는 장미

담장을 오르는 것이
기다림으로 비롯된 버릇이었을까.

행여, 멀리서 임이 오는지
오솔길을 바라보는 가슴으로
습관처럼 뿌려대는 야속한 날들

오늘은 차라리 고개 숙여
버릇 같은 날들보다 더 깊이
눈물 젖는다.

겨울 편지便紙

겨울바람 스며들 때 고향 품은 야간초병
초승달 비추이는 눈 덮인 언덕 위에
먼 곳에
두고 온 사랑 불러
한 걸음씩 수를 놓다

울타리 길을 따라 한 걸음에 한 자 읽고
반짝이는 달빛 따라 한 호흡에 한 줄 쓰면
저만치
희미한 너의 모습
올 듯 말 듯 서 있고,

편지便紙를 품에 넣고 읽고 읽는 그 사연은
따뜻한 화톳불이 빨갛게 숨을 쉬며
사랑은
불어 깨우는 불
영원무궁 진리라네

지면紙面은 차가우나 정 가득 묻어나니
그리움 커져가고 가슴은 불타올라

일없이
세월만 미워져서
걸음 폭만 깎아본다.

낙안성의 불빛

머언 호롱불 비추면
가물거리는 모습들이
손 흔들며 웃어준다

오늘 밤
낙안성* 그날의 보따리를 풀어
성루 위를 구르는 나뭇잎
여인의 머리칼을 흩날리는 바람
하늘 열어 날려본다

돌아오라
아득히 멀어진 그리움
지금도 나는
전라선 무궁화호** 3호 그 의자에 기대어
전주로 간다.

눈을 다시 크게 뜨자
보따리는 다시 여미고
추억의 호롱불을 끄고 기름을 남겨라
다시 밝힐 언젠가를 위해.

---

* 낙안성 : 사적 302호, 고려 후기부터 잦은 왜구의 침입으로 인한 피해를 막기 위해, 조선 전기에 흙으로 쌓은 성이다.

** 무궁화호 : 열차의 등급 이름. 2000년대까지 특급은 새마을호, 우등은 무궁화호, 보통은 통일호, 완행은 비둘기호였다.

고향길

고향길 뒷걸음질 몇 보步에
조그맣게 몸은 줄어든다.
작은 손엔 검정 고무신 들리고
아이 눈 안에 흙무더기 세상이 열려
작은 찻길이 뚫리고
검은 지에무시* 한 대가 마을 어귀에 들어와서 멈출 때
동네 사람들 다 나오쇼 외쳐대면
정말로 사람들이 뛰어나오다 말고 웃는다.
화들짝 놀란 개구쟁이가 차를 분해하여 양쪽 발에 신고
정신없이 달아나면 사람들도 동구나무도 없다

향수鄕愁는 흙내음
비가 오면 진하게 날린다.

길을 걸을 때
이유도 없이 이리 채이고 저리 채여
눈물이 나면
그냥 흘려도 좋으리라
땅에 떨어지는 비가 되어 날려줄 테니
고향 냄새를

---

* 시에부시 : 마을 촌로들이 소리나는 대로 이름 부르는 GMC트럭

사립짝 만들기

봄비 갠 맑은 날에
내 창문 밖에 서 있는
화강석 바른 도시빌딩이 졸면
장난스런 햇빛이 그림자도 없이 다가와
얼굴에 그림을 그려 넣는다.

외양간 짚더미 위에 엎드려
되새김질하는 황소가 큰 눈 끔뻑거리며 바라보는,
마당에서 장난기 많은 누렁이가
영문도 모르고 덩달아 뛰다가 고개를 갸웃거리며 바라보는
사립짝이 그려진다.

우르르-
뛰어다니는 아이들 함성
술래잡기 하느라고 장독대 간장독이 부서지고
빗자루 든 새색시가 치맛자락 추어올리며 쫓아가다 허공을 패대면
한걸음에 내달리는 아이들이 밀친 사립짝이 넘어진다.

스멀스멀
그림자 드리우는 화강석 벽 위로
모였다 흩어지는 구름 몇 조각이 노닌다.
사립짝을 만들고 부수며

비 내리면
—우산*

아파트의 긴 통로를 나서면
소리 없는 비가 내리고
먼 산 바라보는 머리 위로
톡—
펴지는 우산.

먼 옛날
뚫어진 함석지붕 밑 부엌
쪼그려 앉은 소녀들
꿈이 고이는 바닥 차오르는 호수
떠오르는 싸리나무 조각배.

눈을 들면
무지개 되다 빨개진
비에 젖는 우산
조각조각
구르는 추억.

---

* 월간 『문학세계』(2005.10.) 책 속의 소시집에 「비 내리면 1」로 수록

비 내리면
—미련*

열리는 문을 건너면
무거운 하늘 산자락에 기대고
오늘은 비가 내린다.

때 묻은 지붕을 때리는 빗방울이
네 몸을 하얗게 부수고 있을 때
자국 내고 지나는 차바퀴에
찢어지는 미련.

목마름이 굳어지던
네 화분도 창 밖에 내어
애타는 뿌리에 물 한 그릇 붓고
비를 뿌린다.

비 내리면
비릿한 우리의 체취
배었다 떠나는 아쉬움 묻어
서늘히 바람이 분다.

---

* 월간 『문학세계』(2005.10.) 책 속의 소시집에 「비 내리면 2」로 수록

비 내리면
— 역驛*

부서지는 빗방울들
바삐 가는 도시의
자동차마다 흘리는 이야기
듣다가 나른해지면,

뿌연 안개 속으로
드러나는 한적한 기차역
아직도 기적 울리며 오는
바다로 가는 완행열차.

어깨에 걸친 우산 끝에
기다림이 방울방울 달리면
빙빙 돌려 뿌리고 뿌리는
소년의 맑은 눈.

비가 내리면
소년의 물방울도, 기적도
처마 아래 떨어지는
낙숫물 소리에 실려 온다.

토옥— 톡, 톡

---

* 월간 『문학세계』(2005.10.) 책 속의 소시집에 「비 내리면 3」으로 수록

비 내리면
—누에들의 합창*

도시에서 밖으로 나가는
검은 아스팔트길 양옆
비닐하우스 무리에 비가 내리면,
뽕잎 식사 맛있게 하는
누에들의 합창 부풀어 다가온다.

비 내리면,
가지에 매달린 뽕잎도
큰 나무 친 뽕 지게도
가지런히 펴서 눌러 담은
뽕 망태도 물에 젖는다.

잠자던 누에들이 머리 흔들고
똥냄새 가득한 큰방
잠만 곤한 철부지의 날개 밑
뒹구는 책 벼락 천둥
어지러운 아랫방

---

* 월간 『문학세계』(2005.10.) 책 속의 소시집에 「비 내리면 4」로 수록

비가 내리면 행여
책 베고 자는 애 잠깰까
가만히 가만히
물 터시는 아버지 허허하셨고
이내, 부끄러워지는 말씀이 들려온다.

우리 집 문장가文章家 났네.

비 내리면
—싸리나무 불*

더워만 가는 어둠을 뚫고
서러운 비가 내리면,
덜 마른 싸리나무 불 위에
일그러진 물이 끓는다.

토도독, 톡톡…
빗소리 따라 춤추는 불 춤사위
아궁이 삐져나오는 나무 끝
어울리는 수증기에
냄비 두드려 익는 라면
춤추는 빗줄기

십 리 너머 장날에
한 상자 사온 삼양라면은
얇은 뱃가죽 울리고
힘없이 내리는 물소리를
잘도 달랜다.

---

* 월간 『문학세계』(2005.10.) 책 속의 소시집에 「비 내리면 5」로 수록

환한 불이 고요한 이 밤
가스레인지 파란 불은
흔들림 없는 풍요로
어둠의 기억만 끓인다.

비 내리면
— 징검다리*

천변 둔치 물 고이고
수렁 늘어나는 비가 내리면,
세상을 가르는 큰 물로
검劍의 양날 세우는 고향 내.

수양버들 너풀대다 쉴 즈음
집 가는 징검다리 부서져라
성낸 몸짓으로 부딪치는 물을
무서운 줄 모르는 아이들.

강아지 반기듯 적시는 물
정강이 위 걷은 바지 조롱해도
손에 손 꼭 잡고 기어이
건너서 가는 우리 동네.

세찬 바람 비에 묻으면
동東에서 서西에서 걷고
이국異國에서 걷는 동무
천변 걷는 내 앞 징검다리.

---

* 월간 『문학세계』(2004. 2.) 신인상 수상작 제목을 「비 내리면」으로 발표.
* 월간 『문학세계』(2005. 10.) 책 속의 소시집에 「비 내리면 6」으로 재수록.

눈 오는 날에
—가습기

훈훈한 북쪽 바람
들뜨는 유리창 너머
해맑은 눈동자를
부리고 펴는 오후

때맞춘 가습기는
적막한 방안에
덩실덩실
먼 옛날을 추어낸다.

가슴에 돋아나서
강아지 쫓아가는 아이
하얀 웃음만 새록새록 키우는
그 새파란 세상

마당에 서서
들여다보는 방안에는
언제부턴지 나를
물끄러미 바라보는 내가 있다

객사 단풍客舍 丹楓

전주 객사全州 客舍* 마당을
회오리바람이 휘감을 때
마루를 어울던 단풍이
떠나가네

배 흘린 기둥 기둥
마음을 붙이기엔
바라본 춤에 모자랐고
청송靑松의 태가 아니었던 게지

북풍北風을 타고
동 서 남풍東西南風마저 타고
제 혼자 와서 그렇게 서성였어도
피골皮骨 해진 바람벽은 바라보지 못했네.

때늦은 후에야
푸른 내음 못내 아쉬워라.
아쉬워라

---

* 전주 객사 : 보물 제583호로 전주시 중앙동에 있다. 주관 앞면의 '풍패지관(豊沛之館)' 이라는 액자는 전주 객사를 일컫는 말로서, 전주가 조선왕조의 발원지라는 뜻을 담고 있다.

물안개

물방앗간 물길 위로 애기 햇빛 드리우면
때늦게 짝을 짓는 잠자리의 하얀 정염
젖은 몸
위험한 날갯짓은
못 피하는 가을임에

안쓰러운 눈빛 안엔 인정이야 없겠냐만
수채 위로 비행하는 네 항로를 바꾼대도
어차피
허락 없는 계절에
머무르지 못하리라

개여울에 피어오른 내 심사가 서럽구나
너를 향해 뻗은 손이 지는 목숨 재촉해도
어쩌랴
다를 것 하나 없는
네 모양 내 모양을

메주

눈을 감으면
구수하게 그려지는 냄새 속에서
가난한 단칸초가의 메주 쑤는 날 방안이 있고 드러누울 곳 없는 초저녁 나와 내 동생들은 메주를 한 번 더 밟으려고 싸우다 이기면 메주 틀 위로 올라가서 신나게 밟고 다지고,
아버지 어머니는 짚을 물에 적셔 간종그리고 메주를 다듬다가 졸리는 눈 버티다가 웅크리고 자는 동생들의 다리를 펴주고 주섬주섬 치우고 보내는 하루가 있다.

조선의 땅에서 자란 콩을 쑤고 찧어
시렁에 매단 동그란 메주 네모난 메주
푸른곰팡이가 슬 때까지 조선의 아이들이 하나씩 불거져나온 콩 쪼가리를 떼어서 맛있게 먹어야 이름 얻는 메주

오늘은
따가운 가을햇살 아래
해묵은 감이파리를 이고 있는 빈집 장독대는 말이 없고,
태어나기 무섭게 영어 선생이 집에 오는 도시에선
아궁이에 불을 넣고 가마솥에 콩을 넣는 어머니를 보는

아이들도 없는데,
　메주가 없는 할인점 진열대에서
　메주도 고향도 모르는
　날렵하고 화려한 왜간장 병 하나가 장바구니에 들어간다.
　곰팡이 냄새도 없다.

선달의 달

부서진 바람들이 흩어진 들판 위로
힘을 잃은 선달 해가 바랜 몸을 뉘인 밤에
남몰래
따라온 하얀 달이
내 마음을 그려낸다.

꽃잎이 피어날 때 굳게 잡은 그대의 손
걸어가다 놓친 후에 길을 잃고 헤맨 날은
취한 듯
바라본 쟁반 속에
차곡차곡 쌓여 있다.

비틀비틀 넘어가는 하얀 임의 모습이냐
한 걸음씩 걸어가는 내 마음의 그림이냐
다정은
얼굴 속에 숨어서
부끄럼을 달래준다.

전설의 빛

밝음 뒤에 오는
어둠이 열리면
저 멀리서 빛이 되는 별이
기다리는 내게로 온다.

수없이 많은,
어쩌면 영원을 건너온 너는
바라보는 내 눈 안에 들어와
긴 숨 내쉬고 눕고.

너 하나
멈춰서는 이때
비켜가는 셀 수 없는 별 따라
시작하는 내 여행.

오늘을 타고
하다 만 그 얘기들
먼저 가서 새로 나온 날에
전설로 말해준다.

4부

이 세상

이 세상은

빵에도 날개가 난다

이 세상
—돌고 돌고

가로
세로
높이.

길이가 된다
넓이가 된다
덩어리가 된다.

작은 덩어리는
세상 밖 불타는 덩어리를 보고
세상 밖은 다른 덩어리가 되어
바깥 덩어리를 본다
모든 것은 서 있고
모든 것은 돌아가는데
어디로 가는가.

너는 서 있지만 돌아가고
나는 돌아가지만 서 있다
너도 돌고 나도 돌면 그뿐인데
세상은 미쳐 돌아간다.
어지럽지 않으냐.

이 세상
— 빵에도 날개가 난다

세월이 뛰어가고 있을 때
세상은 날아간다.

풀잎 위를 치타가 기어갈 때
초원을 달팽이가 달려가고
물 위를 제비가 날고 있을 때, 오히려
두엄 위 햇병아리가 물을 찬다.

카메라맨은 차례로
찍어 담아 보내기 바쁘고
텔레비전 앞에 앉은 아이만
하하 웃는데.

깨끗이 청소한 방안에
고마운 그 누가 가져다 놓은
배고픈 자들이 먹을 단 한 조각 빵

다리를 만들어라, 빨리
걸음을 크게 하여 뛰고
날개를 만들어라, 빨리

활개를 크게 하여 날아라

이 세상은
빵에도 날개가 난다

술 세상

찬란한 지갑의 안쪽 입이 벌어지면
춤추는 지폐가 술을 부르고
한 잔을 먹이고 또 먹이며
내일의 금단나무에 열매를 매단다.

오늘을 풍겨내는 닳고 닳은 술에
정신이 꿈틀대고 이윽고 흐려질 때
흐느적거리는 접대부의 젖꼭지가 살아나고
멍한 눈은 가랑이 사이로 처박힌다.

오늘부터 끊었다 하는 말에 웃고
그 술에 내일의 세상이 또 열려
입술의 침으로 술술 돌아가는 속에
가자 하니 길이 춤추고 서 있자니 어지럽다.

오늘은 끊었다 말하고 마시고
내일은 마시고 끊는다 말하네.
아, 술 무덤은 언제나 헤쳐져서
일광에 밑바닥을 드러내려 하는가.

강보江洑*

가뭄은
해를 세다 잊고
바람 부는 강변길은
참고 따르기 역겹다.

강물은
안락한 보洑 안에서
투명을 자랑하지만
이미 시신屎身인 줄을 모르고.

송사리는
내리는 물길을
거슬러오르고자 하지만
굳은 강보江洑는 숙일 줄 모른다.

---

* 월간 『문학21』(2003. 6.) 신인 당선작

버스승강장

버스승강장은
오고 가는 사람으로 붐비는데
내가 선 자리에는
오고 가는 시간으로 붐빈다.

시간에 매달린 이 놈은 언제
굽은 길 뒤에서 고개 내밀까
목을 늘여 구십 리 더 늘여 보고
오다가 넘어졌나, 무슨 해찰하나
한 걸음에 한 걸음 이점 저점을 치며
행여 내가 빨리 돌면 오는 버스 숨찰까
승강장 둘레를 느리고 느리게 돈다.

아무리 돌고 돌아본들
소식 없는 야속한 시내버스
끓는 열은 식히기 어려워도
기다린 수고만 아까워서
한 번만, 한 번만 더
미련만 쌓다가 발길을 돌리는
내 한숨소리가 들린다.

– 조 온 깐 따

오기傲氣의 춤

구름은 구름을 밀고
얼떨결에 실려 온 빗줄기의 고향은
사람들이 배설한 연기로 씨앗삼아
흐늑이는 오기傲氣의 춤 속.

바람이 알던 곳으로 가다가
버티던 팔을 풀어버린 알갱이는
마침내 줄기를 만든 죄를
무게에게 돌리고
우산을 들거나 못 들거나
거리를 헤매야 하는 사람들을
가림 없이 세차게 때리지만
하늘 높이 오른 빌딩 안의 사람에겐
감싸는 유리만 깨려 할 수 있을 뿐이다.

사정없는 비는 유리창을 깨지 못했다
빌딩 안에서는 창 밖의 비를 조롱하며
연기를 피워내고 구름을 부른다.
바닥은 강이 되고 바다가 되는데

북망천가 풍경

하늘이 큰 구멍을 열어
세상의 더러운 것들을 마구 씻고자 한 날
약삭빠른 미꾸라지는 진펄 속에 숨고
어리석은 황소들만 휩쓸려가는데,

물길 사나웠던 날
큰아들 앗아간 북망천 양쪽
이편은 무주 저편은 장수만 외우다
물 이름 잊은 지 오늘은 이십 년

이 냇가에
제 어머니 무덤을 지키는
개구리의 걱정 소리가 몇 해를 잦더니
오늘이 기어이 오고 말았고,

맏이도, 무덤도
우는 개구리마저 떠내려간 자리에서
이제는 물에 실려 되돌아갈 수 없는 아우
설움이 얹힌 병든 홀어머니만 바라볼 뿐이네.

바람에게

여기는 오후 한 시
태양만 바라보는 인간들이 몰려들어
쓸데없는 원을 다투어 그리고 지우며
뜨거운 먼지를 일으킨다.

푸른 한 줄기 바람
날아오른 저 기운에 스쳐만 달라는
간절한 바람도 소용없어
시장은 끓고, 끓고만 있는데,

바람은 눈이 없어 눈이 없어서
사철 푸른 소나무 숲
곧고 곧은 대나무 숲에만 안겨서
푸르기만 하다.

세상은
저를 끓이고 마침내
땅 아래 하수구로 흘러, 흘러들어가면서
흐느적이는 검은 냄새를 풍겨내는데,

그래, 바람아 너는
내 바람엔 아랑곳없이
눈이 먼 채 언제까지나 그렇게
언제까지나 편히 있어라

면역결핍증

삶을
포기할 수밖에 없는,
의지와 상관없이
후천성면역결핍증을 안고
살아가는 여자.

오늘 밤 찾아온
배고픈 영혼에게
후천성면역결핍인자를
나누어 준다.

삶을
너무 사랑할 수밖에 없는,
행복을 찾아다니다 잡은
후천성면역결핍인자를 안고
살아가는 남자.

오늘도
사랑하는 자식에게
후천성면역결핍인자를
주사한다.

공단 빈터

공단 빈터
멀리서 모여들어 아무도 몰래 뿌리내린
아까시나무 갈대 쑥대 개망초 이풀 저풀이
얼키설키 키를 재는 유월.
오늘도
멧새 한 쌍
저— 산으로 나는데
조용한 시간
뻐꾸기가 운다.
자꾸만 운다.

예수님이 너무 초라하다
— 성탄절을 맞이하며

언제나 지금은
가을이 가고 추운 겨울이 오는 동안이며
그가 그 마을에서 그렇게 가신 후
언제나 오시고 또 오시는 동안이다
천사는 지금 가신 그대로의 모습으로
다시 온다고 기록했으니
경전을 예수님보다 더 귀히 여기는 신도들을 위하여
임은 복잡한 현대의 도시들을 걸어와야만 한다
눈이 더럽게 녹아 질퍽거리는 아스팔트길을
그때의 옷 그때의 낡은 신을 신고 와야만 한다.
기록된 바 그러하니
갓을 드리는 일도 있어서는 안 되고
자전거를 드리는 일도 있어서는 안 된다
진실로 진실로 섬기는 자여, 그러나
첨단 옷감이 만든 예복을 입은 그대의 뒤에
예수님은 너무나 초라하게 서 있구나.

장미 벌레
—검은 똥

깨진 화분 속에서
꽃 못 피우는 장미
몇 개만 남은 이파리에
빼곡히 들어선 벌레

바닥에 검은 똥
수북이 쌓고 쌓았다가
장미 나무 죽으면
그 위에 죽겠지.

비 내리면
— 어둠의 소리

사—방이
칠흑으로 둘러싸인 이 밤
네온 등불 빛 울타리 안으로
굵은 비 내린다

울타리 안에서
부서진 금빛 조각들이
빗줄기 굵어갈수록 없는 소리 더 없이
어지러운 춤을 추고,

칠흑의 밤 속에서
널브러진 돌멩이 같은 것들, 쓰러진 풀잎 같은 것들이
어둠 짙어질수록 없는 끝 더 없이
소리낸다.

비 내리고 내리면
무대 위 춤꾼은 더욱 밝아지는 속에 더욱 반짝이고
무대 밖 어둠은 더욱 깊어지는 속에 더욱 소리내어
어울고 어운다.

산
—춤추는 칼

무섭게 돌아가는 날 아래 기름기 질질 흐르는 억새와 볼품없는, 죽어도 참나무라는 것들이 허무하게 스러진다.

머리 꼭대기에 닿는
춤추며 돌아가는 무서운 칼 소리
생살을 베는 고통
편히 눕지 못한다.

잘 벼른 조선낫 하나 들고
단정히 두 무릎 꿇은
순진한 내 아이

오늘은 네가 그립다

산
—고독

누가
산이라 부르는가.

수백 년
깎이고 깎인
이름 잃은 무덤

상처 나
떨어져가는
안타까운 고통들을
내 스스로 추스를 길 없어
고독에 녹아 있는
나는 물

산
—똥 무더기

누워 있는
보잘것없이 누워 있는
내 이름은 잊혀진 산

내 담장 위로
솟아오르는 평지

조롱하듯
평지 위를 오르는
똥 무더기 아래로 흐르는
똥물에 내가 묻힌다.

잔꽃풀
—한 줌의 땅

아무도 눈길 주지 않는
후미진 뒤안길
보도블록의 틈 헤집고
뿌리내린 내 이름 망초

허수아비 옷 걸칠 즈음
어미와 이별의 인사 없이
지나는 어느 바람결에
휩쓸려온 척박한 땅

이 땅 어딘가에
내 뜻 아닌 이상이라도
그 뉘 바라지 않은
운명이 아닌 우연이었어도
시절은 뿌리내리게 했다

쓸모없는 곳에 자라
아름답지 못한 삶일지언정
욕하지는 말아다오
손도 없고

발도 없는 나를

비록 기름진 옥토 아니라도
비추는 햇살이 없다 해도
어울려 살 수 있으면 족하다
한 줌의 땅이라면

아무도阿無島에서
—기다림

지금 지독한
분노와 허탈에 싸여 있는 당신
아무도阿無島*를 아십니까?
망망대해 한가운데
아무도 모르게 떠 있어
보이지 않는 섬.

수평선과 지평선이 겹치고
돌멩이 하나 그루터기 하나 없는.
아무도 바라보지 않는 땅.
가려울 때
시원스레 등을 비빌 언덕도 없는
서럽게, 서럽게 내려앉아
발목을 감싸는 눈물의 고향입니다

그렇지만 오세요.
당신처럼 이곳에 떠밀려온 나는
등도 비비고 걸터앉는 그루터기도 될
씨앗 하나 심어놓고
떡잎을 기다리고 있는 중입니다.

---

* 아무도 : 필자가 명명한 상상의 섬, 언덕 없는 섬, 섬이 아닌 섬을 뜻하며 수평선과 맞닿아 보이지 않는 섬이다.

5부

바람의 길목에서

이 밤에 바람은 또 불고
그 길목에 문틈도 일어서고 말아
더 큰 바람이 올 때까지
나는 잠 못 이루네.

산
—톱니 갈기

높고 낮은 저 산은
아득한 옛날부터 네 마음 내 마음에 뿌리내렸고
우리는 날마다 오르내린다.

적송 백송이
내 슬프고 기쁜 얼굴을 함께한 산.

그러나 산은 언제부턴가 검게 변하며 무거워졌고 늘 인사하던 나무들 중에 보이지 않는 나무들이 생기더니 아주 낯선 나무가 머리를 내밀고 히죽거린다.

이름을 물어도, 길게 뻐드러진 앞 이빨 두 개를 드러내며 또 히죽거렸고 달아났다. 똑같은 무리로 차 있는 안쪽은 가지마다 퀴퀴한 냄새의 진액이 흥건히 흘러내리고 있었고, 여기 있던 나무는 온데간데없었다. 등골이 오싹해지는 순간 축축한 바닥에서 황소개구리가 수도 없이 두 눈을 끔벅거리면서 나를 보고 있었다. 뻐드렁니는 자꾸 늘어나고 황소개구리는 우리의 나무를 부러뜨려 밑동서부터 씹고 있었다. 산은 그렇게 변하고 있었다.

결핵의 말기환자 폐부같이 병든 산은 아픔을 아는지 모르는지 아무 말이 없고 오늘도 우리는 산을 오르내린다.

나는 줄로 톱니를 간다.

우리 누나

엄동설한
흰 저고리 치마
날려 오는 비바람에 흰 속살 드러나는
우리 누나

어느 날부터
억센 놈들에 돌려가며 당하더니
허리가 부러졌는지 도망 못 가
이제는 두목 첩 놀이하네

맥없이
밥 하라면 밥하고, 밥하다 벗으라면 벗고, 벗고 춤추라면 춤추고, 춤추다 국 쏟고, 쏟은 국에 보지 데어도, 씹 대주고 뺨 맞는,
그런 날마다
촛불 켜고 무얼 하나
우리 누나

촛물 같은 눈물은
오늘도 떨어지는데

언제나 그치고 한번 웃어 보나
우리 누나

그 뉘 기다리시나

바람만이 숨쉬는 삼경
홍모에 창의를 받쳐 입고
긴 목 뽑아 먼 하늘 바라보는
학옹鶴翁의 한숨소리

남향으로 돌아앉아
저림도 내색 없이
흰 어깨 내준 신선봉神仙峰 청송靑松
벗 근심에 차마 잠 못 드네.

깊은 이 밤도
수십 년 돌아올 줄 모르는
시화호屎化湖 나간 색시 기다리시나
아니면 그 뉘 기다리시나.

유적遺蹟

푸르게 잡아끄는 그대의 눈망울에
때 아닌 나들이로 장군봉將軍峰* 올라 보면
아직도
내려 보시는
저 멀리 남고산성南古山城**

고개 숙인 완산칠봉完山七峰 밟음인 줄 모르는 듯
발아래 아파트는 버릇없이 기어올라
풍상風霜에
상처나신 터
비석마저 뽑았구나.

---

* 장군봉 : 전북 전주시 도심에 있는 완산칠봉 가운데 하나로서 주봉의 이름이다.

** 남고산성 : 사적 제294호, 전주 남쪽에 있는 고덕산과 천경대, 만경대, 억경대로 불리는 봉우리를 둘러 쌓은 산성이다.

겨울 나루터

겨울은 이제 시작이다
강나루 건너편에 펼쳐진 동산
평화로운 졸음이 굼실거리는 풍경은 아직
눈꺼풀 속의 환상일 뿐이다

울타리를
두껍게 감고 얼어버린 얼음판은
뽑으려 내미는 손 튕기고
잘못 맨 배 한 척
떠내려가다 얼어버린 그 강은
아무도 넘지 못한다

나에게도 봄은 있는가
체념이 미동 않는 강물 아래
희미한 심장은 살아 숨쉬지만
깨지지 않는 두께로
짓눌려 있다

루블화 몇 장, 달러 몇 장에
맥없이 물길을 내준 뒤로

내동댕이쳐진 허탈한 손발
봄을 찾아
헤매는 곳 어딘가

터만 남고 옛 손은 사라져도
그러나 강물은 풀리지 않았다
벚꽃이 만발하는 따뜻한 낙동강에도
사시사철 얼음이 녹지 않는
겨울 나루터가 있다

겨울 철새

나포* 들녘을 거슬러
백마를 실은 소정방 오늘도 오르는데
백제의 눈물이 흐르는 물결 위로
새가 내린다.

겨울이 내릴 때
함께 내리는 먼 옛날의 전설이
오성산五聖山**을 휘돌아
몇 번의 절을 하고
찬바람 쫓아간다.

이 땅, 조선의 나라들에
한 번씩 왔다 간 생명이

---

* 나포 : 전북 군산시에 소속된 면의 이름. 금강 하류가 이곳을 접하여 흘러 군산 앞바다로 흘러 들어간다.

** 오성산 : 금강 하구둑에서 5km 거리에 위치하는 군산의 명산이다. 주변에는 신석기시대 초기의 즐문토기, 패총지와 지석묘군이 발견되고 있고, 고려 최무선 장군의 대승첩지와 도진산 봉수대지가 있다. 정상에는 오성인의 묘가 있는데, 백제 말 부여로 쳐들어가는 당나라의 장수 소정방이 오성산에 이르러 마침 장기를 두고 있는 다섯 노인에게 부여로 가는 길을 물었는데 '백제를 치러 온 적군에게 길을 가르쳐줄 수 없다.' 고 거절하였다. 소정방이 노하여 그들의 목을 잘랐고, 그 후부터 사람들이 이 노인들을 '오성' 이라 추모해 왔다 전한다.

누워 있는 강물 위로
못 잊어 내린 한

가득한 강물을 덮다가
하나 된 마음으로 날아오르는 말들
새들의 그 이야기 듣는 이 없어도
해마다 와서 들려준다.

꽃샘추위

한없는 우주
계획도 없이 좁은 통로를 뚫고 달아나는 시간의 뒤를
언제부턴가 어디서부턴가
따라가는 내가 있다.

나는 나의 시간을
너는 너의 시간을 따라가지만
오늘은 합쳐진 너와 나의 공간에서 우리로 만나
함께 걸어간다.

우리를 에워싼 차가운 벽을 지나
비로소 눈앞에서 꽃동산이 반기는데
어느 찬바람이 나의 등을 찔러
기쁨을 미루게 하는가.

함께하는 우리들아
이제는 두꺼운 외투를 다시 찾지 않으리라
동해의 그 찬물에 뛰어들어 문지르고 비비며
저 꽃샘을 비웃으리니

장마전선
— 따뜻한 눈물

해에서 다가온 볕은
고향 떠난 바다를 어르고,
마침내 믿음을 일깨워
일어나게 한다.

남쪽에서 일어난 일은
바람결에 다가와
내 마음에 가득히 부풀어
둥둥 하늘로 솟아오르는데,

풍선을 오그리고, 나를
땅 위로 서럽게 내동댕이치는 매서운
오! 식어버린 북극의 기운
바다의 사랑에 선전포고를 하고 말아

내 응원이 달려가리라
전선을 밀고 내게 돌아온 그대의
따뜻한 눈물이 떨어져
이 땅의 씨앗이 되도록.

장마전선
―바람의 손

남쪽에 머무는 장마전선은
당장 닥칠 기세였지만
멀쩡한 하루해가 가고 또 가도
어둠만 물들일 뿐 기척 없다.

한 차례
울고 지나간
몇 방울의 추락은
언제나 있는 일일 뿐이다.

하늘에 뜨는
많은 날을 언제까지 가릴 것인가
그러나 그의 몫이 아니라는 오래전의 말
흰 구름 위에 떠 있다.

밝은 기운이
검은 구름을 헤치고
빛을 쏟는 오늘, 나는
오른손으로 한 줄기 바람의 손을 잡는다.

장마전선
—붉은 눈빛

하늘을 가득 덮은 먹구름아
네게도 고향이 있어
네게도 내일이 있어
어디든 갈 수 있느냐.

남과 북이 부딪치는
네 하늘이 좁아질 때
내 뱃길도 좁아져
어둠에 걸려 서 있구나

장마전선 그어진
하늘의 틈새에서 할 수 없이 머무르다
시베리아 바람을 품어버린 너는
지친 무게를 내려놓는다.

뜨거운 정이
차가운 이성을 품고
마침내 낳은 알에게서
거두지 못하는 내 눈빛은 붉다.

바람의 길목에서

검은 밤
좁은 문틈으로
바람 몰아치는 소리
나는 잠 못 이루네.

조금 더 벌려 놓아도 좋을
좁은 틈을 길목삼아
지나려는 바람이 몰아치고
창문틀 패인 홈에
주저앉는 바람이 울며 사라져도
또 다른 바람은 다시 불어와 우네.

이 밤에 바람은 또 불고
그 길목에 문틈도 일어서고 말아
더 큰 바람이 올 때까지
나는 잠 못 이루네.

내 아비 네 아비

색동옷 입고 펄쩍 독사탕 물고 뱅뱅 콧물 달고 껑충
혼자 노는 아이 옆에
키다리가 어슬렁거리고
뻐드렁니가 눈을 반짝이더라. 언제냐

키다리는 색동이 눈앞에
동그라미를 휘리리릭 그리더니
빨고 있는 독사탕을 냅다 빼앗았고
뻐드렁니가 키다리를 보면서 손을 벌릴 때
아이는 울음보를 터뜨리더라.

똥밭을 뒹굴며
울어 젖히는 아이에게
키다리는 제 것인 양 사탕을 주고
웬걸, 아이는 키다리 허리춤에 매달리며
키다리야 '나는 네가 참 좋아.' 하더라.

저게 불쌍한 내 아비란다.
내 것 빼앗아 나에게 주는데, 빼앗아서 뻐드렁니에게 주려다 나에게 주는데

그저 좋다고 머리 조아리는, 머리 한 대 쥐어박고 싶은 저게 불쌍한 네 아비란다.

모악산에서
— 호수의 눈

하늘이 열린 날
아무도 싫다 한 적 없는
모악산 날선 꼭대기에 나 혼자서 오르면
만 년을 고인 옥정호수가 바라본다.

저기서부터
오르다 쉬다 또 올라
내가 다다를 무렵
너는 내려가고 있었다.
너는 빨리 올라와서 빨리 내려가고
나는 늦게 올라와서 늦게 내려간다.

호수는
눈 속에 하늘을 담은 채
너를 보았고 나를 보고
우리를 보리라.

오너라 나의 장미여

유리 하늘로 차오르는
오월의 날
뜨거워진 머리 헹구고
널어진 가녀린 목 서럽다.

피어나는 사랑
이제는 참지 못할 조바심에
담장 넘는 반란을 꿈꾼다.
날이면 날마다.

오늘은 세상 가득히
마르스*의 군대가
검은 아스팔트 위 행진하지만
그래 오라
나의 장미여.

담을 넘고 내를 건너
막아서는 사막 가로질러
기어이 오너라. 나의 장미여
세상으로
내 가슴으로.

---

* 마르스 : 로마 신화에 나오는 전쟁의 신. 전쟁에 자신 있는 민족이었던 로마인들은 마르스를 수호신으로 섬겼다.

오너라 나의 장미야

얼마나 맑은 한이냐
얼마나 오래 쌓인 선홍빛이냐
오늘도 너는 높아만 가는 담장 아래서
멀리 하늘을 붉게 바라본다.

세월이 가도
한 치도 움직일 수 없는 것은
아직도 불변의 제복을 벗지 않는
옛 세상의 울타리에 눌려 있기 때문이요,

세월이 가도
한 치도 내게 올 수 없는 것은
너와 나를 가로지른 해자가 너무 넓고
담장 위로 솟은 유리벽이 너무나 높기 때문이다.

그렇지만 나의 장미야
나는 언제까지나 세월을 부르련다.
그날이 오면 식지 않은 그 맑은 빛으로
그대로 너는 오너라. 나의 장미야

머슴아 네가 종보다 나으냐

서른 몇 해*에 또 얼마냐
종이 된 나와 머슴 된 너는
벗어나려고
벗어나지 못하게 하려고 싸웠고
어쩔 수 없이 섬기고
저 혼자 잘 살아 보려고 섬기는
슬픔을 만들어왔다

꺼지지 않는 불은
아직도 종이에 글을 새기고
타는 냄새가
내 머리 깊이 스며들어
해마다 유월 이십오 일**, 팔월 이십이 일***이 오면
멍에 아래로 헤집고 상처가 피어나도
벗을 수 없구나

서로 다른 우리가
꼭 한 가지 같은 것이 있나니
결코 고집을 바꾸지 않고
나누고 무리지어 싸우는 일이다

일어나 가야만 하는 길은 먼데

머슴[****]아

네가 종[*****]보다 나으냐?

---

* 서른 몇 해 : 일제 강점 36년

** 유월 이십오 일 : 1950. 6. 25. 한국전쟁 발발일

*** 팔월 이십이 일 : 1910. 8. 22. 대한제국 마지막 어전회의일, 한일합방조약 조인. 1911. 8. 22. 옥새를 테라우치에게 강탈당함

**** 머슴 : 제공한 노동에 대한 급여 계약에 의하여 주인의 일을 대신함. 스스로 속박 당하는 특성이 있다.

***** 종 : 주인에게 속하며 급여 계약 없이 주인의 일을 대신함. 속박에서 벗어나고자 하는 특성이 있다.

비 내리면
―향나무의 꿈

인정머리 없는
허름한 도시의 아스팔트 위로, 시원히
비 내리면

우산을 찾아 비를 맞으며
우산 속에 부서진 빗물이 들어오고 구두 안에 물이 새어 들어올 때까지 슬라브집 처마 아래 어쩔 수 없이 만든 어설픈 화단 안에 덩그러니 서 있는 향나무를 보아야 한다.

아무리 보아도
외로운 향나무에게는 빗물의 부스러기조차 날리지 않고, 그가 목을 늘여 빗물을 보아도 헛짓이 되고, 뿌리에 닿아 있는 건 마른기침만 해대는 흙 부스러기뿐이다.

그런데 비 내리면
나는 아스팔트를 떼어내고 새 화단을 만들어 향나무를 옮길 꿈만 꾸고
향나무는 활짝 웃는 꿈만 꾼다.
꿈은 촛불로 타오른다.

지금 우리는 왜 가지 못하는가

넓고 큰 세상
네모난 옛날 아주 먼 옛날엔
끝에 가면 천길 낭떠러지가 있어
사람들은 그곳에 가지 않았다
그곳에 가면 죽는다.

네모난 생각이 둥글게 되었을 때
세상은 둥글게 변하였다
사람들은 둥근 원 위를 돌듯 가고 또 갔고
마침내 제자리로 돌아왔다
해는 제자리에서 세상을 비출 뿐이었다.

먼 옛날 아주 먼 옛날엔
가도가도 끝이 없는 큰 땅이 있고 길이 있어
흙 일구고 호랑이 잡고 곰 잡고 뛰고 놀면서
우리는 걸어가고 우리는 또 달려갔다
옛날 조금 먼 옛날에도

네모 세상을 태양이 돌아도
태양을 둥근 세상이 돌아도 그 길을 갔었지만

지금 우리는 왜 가지 못하는가
지금 우리는 가지 않으려 했고
지금 우리는 그래서 가지 못했다

6부 당신의 거울

거울을 품어서 아름다운 그대는
얼굴을 비추어 몸에서 순결한 광채가 난다
마음을 비추어 영혼에서 순수한 향기가 난다
언제나 거울을 손에서 놓지 않는다

연

변두리에 서 있는 가로등의 눈이
아직 초롱초롱 빛나는 이 밤

외딴집으로 들어가는 전신주를 잇는
꼬인 전깃줄 위에서 어떤 아이의 찢어진 방패연이
그 옛날 소복한 귀신같이 나를 내려다본다.

터 벅 터 벅
걸어 나왔던 객지의 집으로 가는 길이 고향이 되면
저만치 앉아 계신 낯익은 모습
아이들과 어울려 내가 가지고 놀
연을 만드신다.

구석에 쳐박혔던 비닐우산의 손잡이 대는
늘이는 자장면 발같이 쪼개지고 부챗살보다 얇고 가늘게 다듬어지다 재고 재는 눈길에 마침내 능청능청 휘어지는 연한 살이 되고,
장작 태워 만든 화톳불 위의 양은냄비에 쑨 풀을 먹여 한지 옷 입히는 아버지 손끝에서
잘 생긴 내 방패연으로 살아난다.

내 손 꼭 잡으시며 뒷동산에 올라
바람 등지고 하늘 올리는 연은
아아, 이제는 돛을 펼친 배가 되었다.

세상에서 제일 위대하신 우리 아버지보다
더 많은 나이가 된 나는 여기에 서 있는데
나의 연은 지금
바람 되신 아버지의 어깨를 타고
자꾸만 자사를 당긴다.

황야荒野

황야에
길이 난다
사람들이 바라보지 않을 때
황야에는
나의 길이 난다.

황야에
길이 난다
화려한 네온등을 뒤로하고 누가 내 이름을 불러도 못들은 체 등을 돌렸을 때
저 황야에
나의 길이 난다.

눈 오는 날에
— 교차로

밤새 온
눈 위로 쌓이는 날
큰길 교차로 신호등 양편
수많은 행인들이 기다리는 시간

노선생은 동편에서
따뜻한 서편을 그리고
미소녀는 서편에서
눈 쌓인 동편을 바라본다

신호가 바뀌면
그들은 마주치며 비켜간다
소녀가 있던 자리
선생이 있던 자리로

나는 남쪽 보며 좌회전 대기
눈이 많아도 오늘은
미끄러지지 않아 좋다
마음이 먼저 간다.

그림자, 그림자들

흔들리는 샹들리에 불빛 아래서
술을 마신다.
진한 갈색 안경 속에 온몸을 감추고
춤추며 노래하는 여가수의 눈동자를
나는 알 수가 있을까.

벽면에 쳐진 검은 거울 속
또 다른 샹들리에, 그리고
술병과 술잔, 움직이는 모든 것들
혼자서는 빠져나가지 못하는 운명
다만, 차가운 몸짓

우리가 술집을 나가면
사라져버리고 말
희미한 불빛 속에 묻혀
웃고 우는
세상 속의 그림자, 그림자들

네 불리는 이름

세상 안에
셀 수 없이 많은 것들,
나고 죽는 일을 어림할 수 없어도
우리는 이름을 주고받느니라.

아이야 나는 너를
가득한 소망과 믿음을 붓고
기쁨으로 벅찬 정을 주체할 수 없어 일컫노니
아름다운 모양과 든든한 기둥이 되어 서고
변치 않는 색깔을 보여라

웃어서 헤보 되고
울어서 울보 된다

꽃바람 어우를 때 불리는 네 이름아
칼바람 어우를 때 불리는 네 이름아
하나로
부르는 이름
빛이 남에 짝 있을까

당신의 거울

그 어느 날은 몰라도 좋지만
분명 너에게 다가갔고
온몸이 눈이라서 제가 본 것만 말하는
세상에 없는 거울 하나는 알아야 한다

그들은 이 땅에 가득하다
번득이는 눈으로 내 온갖 모습을 그대로 말해주기에
사람들은 만족하면서 무시하지만
뒷등을 비추어 다른 사람에게 말하는 건 모른다.

거울을 품어서 아름다운 그대는
얼굴을 비추어 몸에서 순결한 광채가 난다
마음을 비추어 영혼에서 순수한 향기가 난다
언제나 거울을 손에서 놓지 않는다.

그 어느 날은 몰라도 좋지만
당신의 거울에 티가 묻고
정결함을 오히려 허물이라 말하는 날을 위해
오늘은 거울을 닦을 일이다

하늘에 띄운 청동거울
—추석에

잘 닦은 청동거울
밤하늘 새털구름에 띄우면
어둠에 젖은
산, 들, 강, 바닷물 위에
어스름 빛을 서늘히 불어
잔잔한 파도를 일렁인다.

그냥 그대로도
부끄러운 가리개를 두르지 않아도
그리하여 돌아다녀도 좋을
넉넉한 정 어리는 길 드러내며
언제나 떠 있다.

암흑은
마음에서 끓은 물 알갱이가
옆에서 부추기는 한을 만나
굳은 얼음 드리워 가린 것

내 마음 깊은 바다로
차가운 수정을 넣으니

일던 구름 사라지고
맑은 하늘 저편 자유로이
웃는 둥근 달이 노닌다.

매화의 꿈

섬진강 흐르고 흘러
가지 굵어진 골에
청결한 마음 하늘 펼치는 줄기마다
꽃봉오리 망울망울
매다는 꿈이 있어라

북풍이
후리고 유혹하는 한겨울
겁냄도 흔들림도 없이
오직, 그리는 임이 있어
남쪽 하늘만 바라보았구나.

아래로, 아래로만 흐르는
어진 강물의 가지에
나란히 펼친 줄기 하나하나마다
희고 푸르고 붉게 칠한 삼월을
가슴에 품고 홀로 서 있는데

내 마음 아는 강물
푸르고 푸르게

매화 가지로 흘러들고
변함없는 매화의 꿈
섬진강, 그 물결 속에 녹아든다.

점, 점, 점……

끝없는 우주와
오르다 죽어도 갈 수 없고
내리다 죽어도 갈 수 없는
시간의 교차점

그 한 점에 선 생명.
이웃하여 어울린 점, 점, 점……
전능의 신마저
잊을 만한 그 무한

푸른 점 지구 안
제 색이라 발광하는 점
무리 진 수세기거늘
형형의 색깔 구분이랴

취하지 않는 술*

숙성도 오래되고
입맛도 좋다기에
천 리를 마다 않고 얻어다가
한풍루**에 올라 따르노라, 특별한 술을.

색깔은 없는 듯하여
따라진 한 잔 술을 그윽히 바라보니
바람에 날리는 지푸라기만 어릴 뿐
감흥은 간 데 없고

천국의 향 짐작하고
눈감아 코끝에 잔을 대니
헐은 코 안만 수고롭고
향기는 자취 없네

그래도 맛은 있으려니
만지던 잔 기울여도

---

* 월간 『문학세계(2004. 2)』 신인 당선작
** 한풍루 : 전라북도 무주군 무주읍에 서 있는 누각으로 한벽루 광한루와 더불어 호남3루로 불린다.

혀끝을 허무하게 스쳐 넘어가는
미지근한 물맛

어이하랴
핀잔주는 밝은 달만 만만한데
마셔도 마셔도 취하지 않는 술은
뉘 집 술인고

강江

어제도 아니었고
오늘도 아니어라
처음부터 없었던 나.

대지가 만들어준
공허의 줄기에
춤추는 물방울 방울방울 모여들어
내 몸을 잠시 채운
이름일 뿐.

내려가는 세월아
너를 담는 몸도 있느냐
너희는 영원히
함께 갈 수 있느냐.

달과 나

어김없는 저녁이
땅거미 좇아 들어올 무렵
달은 반밖에 차지 않은 몸으로
벌써 하늘 가운데로 왔다

언제나 둥글다
때로는 날카로운 날을 세우다 뒤집다
때로는 반쯤만 드러내다 감추다
항상 내 왼쪽에서만 오다.

동서남북
어디에서 나는 맞이하는가?
해를 이고 보면 들어찬 보름달이고
해를 안고 곁눈질하면 기운 그믐달이다

빛은 빛이다
돌고 도는 속에 네 선 자리 아는가.
눈 흘겨 본 것을 반달이라 말하지 마라
달은 달이다.

보름달은 혹시 알까

발걸음도 빛처럼 빨라
그러다가 가라앉아 움직일 수 없기도 하지
또 다른 건 정말 아무것도 없이 텅 비어 있는 것
고요는 차라리 숨 막히게 무섭다

심산유곡 바람 속을, 명경지수 내려보는 바위 속을, 번쩍거리며 광란하는 도회의 밤빛 속을 차례로 찾아 헤매는 괴물의 눈

가벼워서 잡을 수 없고
때로는 무거워서 들 수 없는
정작 보이지 않는
마음이라는 것

알 수 없는 네 자리는 너무나 크고 큰데
물결을 일렁이는 보름달은 혹시 알까
돌아올
벗이 편한 길은
어디쯤에 있는지

누가 철새라 하는가

멈춰버린
강 하구 안개 속으로
섣달의 비가 내린다.

안개에 갇힌 강물 위에서
편안히 떠 있고 싶은데
흘러내리는 물살은
거슬러올라가야
제자리라 한다.

누가 철새라 하는가.

하늘이 뿌리는 모이를 따라
날아서 날아서 왔을 뿐이다
내 생명이 존재하는 곳에
작은 세상 안에
그 시간 위에 있을 뿐

누가 철새라 하는가.

나무는 보낼 줄 안다

나무는 그 자리에 서서
처음으로 가는 바람 위에
하나 둘 희망을 태우고
그들을 먼저 보낸다.

이별은 날마다
가늘어진 가을 어깨 위에
다시 만날 기약 더미 위에
하얗게 쌓인다.

나무는
겨울 깊은 곳으로 들어가
빈 몸의 시련을
홀로 견딘다.

가지 않는 바람은 오지 않고
지지 않는 잎은 피지 않는다.
나무는 안다
나무는 보낼 줄 안다.

눈의 꽃

온 세상
따뜻한 날에
볼 수 없는 너는
파랑새 품에서 날아간
심술인 거고,

온 세상
차가운 날에
송이송이 내리는 너는
언 눈물 속에서만 피는
사랑인 거고.

볼펜

선線이
굵어서 좋고 가늘어서 좋다
손안에 있는 너를 일없이 만지작거리다
뚜껑을 열어 속을 보아도 너는
심 안에 채워진 수명조차 감추지 않는다.

수없이 많은
생각과 생각, 의미 없이 저은 눈길까지
뿌리치는 몸짓조차 없이 내 손목을 따라 내 손가락을 따라 그대로
풀어놓은 너의 생명은
기호가 되고 그림이 되고 글이 되었다.

언제나
너의 일생은 나의 몸이 되었다.
나에게로 온 너는 이내 나의 손이 되고
너의 생각도 의미 없고 남의 눈도 의미 없는
오직 나만의 마음이 되었다.

슬퍼하지 않는 너는

내가 너에게 아무것도 아니어도,
내가 수명이 다한 너를 버린다 해도,
한 번 비춘 그대로를 기억하는 거울이 되어
영원한 내가 된다.

시계음

시계는 언제나 그 자리에 있다.
오랜, 아주 오랜 옛날부터 지금까지
흐르는 시간을 자르고 쪼개며
언제나 참 소리를 낸다.

시계는 언제나 시간을 세고
손으로 만진 조각마다 화석으로 만들어
과거로, 과거로 밀면서
똑같은 무게의 마찰소리를 낸다.

시계는 언제나 먼저 안다
내 생각을 먼저 읽고
내 자리에 먼저 가서
언제나 쓴소리를 낸다.

하늘에 걸린 시계는
언제나 있는 듯 없는 소리 내는데, 나는
어느 때는 태풍 소리로 듣고
어느 때 그만 잊어버린다.

7부

길을 가는 이에게

먼 길을 가려면
해진 신을 신고 있는지 살펴보라
몸이 건강한지 살펴보라
깨끗이 목욕을 하였는지 살펴보라
지도가 선명한지 살펴보라

길을 가는 이에게

먼 길을 여행하려면
해진 신을 신고 있는지 살펴보라
길을 모르면 이곳 저곳
달려가서 물어야 할 테니

먼 길을 여행하려면
몸이 건강한지 살펴보라
여비가 떨어지면 무엇이든
일해서 벌어야 할 테니

먼 길을 여행하려면
깨끗이 목욕을 하였는지 살펴보라
바라보는 이에게 역겨운 냄새를
풍기지 않아야 할 테니

먼 길을 여행하려면
지도가 선명한지 살펴보라
흐릿한 도면 따라 다른 길로
가지 않아야 할 테니

너를 내리고 눈길을 되돌아간다

가보지 못했던 길을 가다가
행여 미끄러지거나 넘어지는 고통의 염려보다는
겨울 냇가 얼음 틈새로 모락거리며 피어나는
너를 향한 원망怨望

자동차가 배를 대고 길게 늘어진
어떤 길 위에서
수없는 별빛이 검게 쏟아지는 밤을
너는 너의 눈으로,
나는 나의 눈으로 세고 있었다.

그렇게 눈 내리고 마침내 동이 튼 아침
간밤에 쏟아진 별빛이
푸른 소나무의 가지 위로 내려앉아
미처 내보내지 못한 광채光彩를 뿜는다.

저리도록 답답한 눈빛은
이제 거두어도 좋다
서설瑞雪이 머금은 것은 눈부신 별빛
얼음 틈으로 피워내는 것은 온기
너를 내리고 나는 눈길을 되돌아간다.

강원江原을 보며

월정사月精寺 거목을 품에 안은 비구니의
백옥白玉 같은 살결에서 세월은 치솟고
상원上原에 누운 투명한 붓다의 사리가
영겁永劫을 두르는데

한낮 설악 벚꽃 살 향내가
밤 경포에 드리워진 하늘의 여광餘光마저
머금은 채 되돌아나간 지금
한가운데서 밀려와
포말 되어 구르는 청량한 음성
아! 깊은 바다여 그대 웃는가?

여기서 오늘을 만들어
가슴에
인화지에
바삐 남겨놓는 이 잔상殘像은
진한 봄꽃 살 향내에 부끄러움도 모르는 양

* 해설피 : 정지용의 시 「향수」에 나오는 조어造語로 '헤피' + '슬피' 를 결합시켜 헤슬피가 된 것을 모음을 변형시켜 해설피가 된 것이다.

기억을 더듬을 행복인 양
또 그렇게 해설피* 웃었고

내생來生을 잇는
인연因緣의 실타래를
윤회輪廻의 업보業報를 마침내 마감한 해탈解脫이라고
큰 스님 업적이 부도되어 선다.

응보應報는
내생內生의 오해誤解와 원망怨望의 되뇜
자비慈悲로운 사랑은 내 안에 들어와
강원江原을 보며
수원수구誰怨誰咎를 되뇐다.

시원한 바람 불면

마루 위 단정하고 시원한 바람 불면
하얗고 질긴 한지 반듯이 펼쳐놓고
두 무릎
바닥에 꿇어
하늘을 올려보리라

눈 내리는 날에는 빗질을 해야겠다

대한大寒은
눈을 미끄러뜨렸는데
아파트를 나서는 계단 아래에서
너에게로 가는 길까지
누가 빗질을 했다.

응달진 마당 안에
양쪽에 흩뿌려진 눈 더미 사이를
계산 없이 가로지른 자국은
내 사랑하는 여인이 단장한
묶인 머리채다.

먼 산을 보면서
걸어가도 편한 좋은 길
그 사람이 저은 비는
플라스틱이나 대나무, 다른 무엇이 아닌
싸리나무로 만들었을 것이다

눈이 내리는 날
이른 아침에는

내게로 오는 마당에 먼저 나가
쌓인 눈밭에 길을 내야겠다.
네가 좋아하는 비를 들고.

톱과 낫 거두기

공단 안의 버려진 빈터에서
아까시는 삼 년을 자랐고
그 아래서
작년에 죽은
갈대 줄기, 개망초 그림, 쑥대 그림과
새로 난 그 자식들의 줄기들과
올해 찾아온 오월이 키 재기를 한다.
얼키설킨 덤불이 쓸모 없다며, 나는
벌써 어떤 톱과 낫을 냈다.
아까시는 오월 향을 날리고
갈대 쑥대 개망초는
여기저기에서 뱉어내는
냄새를 먹고 있었다.
마음 빈 데에 버려진 수풀 속 하나가
제 하는 일의 이름을 묻는다
나는 그대인 나에게 묻고
어떤 톱과 낫을 거둔다.
나의 톱과 낫을 거둔다.

그런 사람 많았으면 좋겠다

오후, 태양이 볶는 팔월 아스팔트 길 위

별안간 낀 먹구름 소낙비 던져대고 친구와 묘지 다녀오던 아이는 운 좋게 처마 밑으로 들어왔다

어디 가느냐고 물었더니 달동네 간다고 대답하고 빨리 비 그치기 어렵겠구나 하면서 뒷짐을 지고 섰다

같이 있던 홍안의 아낙은
빗속을 뚫고 차로 달려가서 창 내려 두 번 세 번 어디 가느냐 하고 난 아이가 못 알아 들었을까 봐 어디 가느냐 하잖아 하는 사이 대답도 듣지 않고 이리 와서 타라 한다.

분간할 수 없는 빗속에서
아이들은 좋아라 하면서 탔고
차는 창을 올리고 아이들이 가야 할 반대방향으로 가버렸다.
아이들이 무사히 집에 갔겠지 그 고마운 사람이 잘 데려다 줬겠지

잘 데려다 줬겠지

인생길에
그런 사람
많았으면 좋겠다.

해아지

서녘 천수만 겨울철새
여느 날처럼 새벽잠에 있을 때.

동녘에 붉은 양수 떨어내며
갓 난 해 오르네.
배내털에 속살이 보송보송 눈 시려
보듬고 어루만지고 싶은 아지*가

소망과
사랑 지고 커가게
해아지 왈기지 마세
망나니 될까 두렵네.

하나 더 얹어 주세
내 가슴에 있는
자네 가슴에 있는.

---

* 아지 : 송아지, 망아지, 강아지 등에서 따온 것으로 어린 줄기를 이를 때도 사용하나, 어린 것을 표현하기 위해 단독으로 사용하였다. 어린 해.

새 해에게
— 어제처럼만

어제 져서 오늘 돋아난 태양
너는 지금 날아도
영혼은 지치고 육신이 고달파지면
언제나 힘없이 떨어지지

살아있는
산의 눈, 들의 가슴, 바다의 마음은
날이면 날마다 스며드는 영육靈肉을
한 번도 배부르다 말하지 않았다.

부풀려 띄워
버리려는 기억 감싸는 희망
하루 지나 달이 기우는 여느 때
되돌아와서 그늘질 뿐이라도

새로 품는 너의
사랑이야, 열정이야, 꿈이야
한 번도, 한 번도 변치 않는 어제처럼만
어제처럼만

새 해에게
— 기다림

긴 밤을 보내니
어둠을 걷는 새벽이 왔다
꺾여진 육신도 이 새벽엔 나오고
아직 눈뜨지 못한 희망도 나온다

구름 드리운 하늘 아래
안개서린 호수 건너 어둠 속에 있을 너와
언제나 동으로 흐르는 길 위에 선 내가
시간을 세고 있다

그대 떠오르는가.
사랑하는 아이를 얻는 기다림은
고통보다 무거워도 용서되듯이
네가 오기를 기다리는 그 무게도
쉬 잊히고 말리니 오기만 하여라.

떠오르는 그대
아픈 자, 배고픈 자
가슴에 얹고 있는 소망을 모으고
맑고 밝게 살라다오

빛이 이 땅에 넘치리라

나의 피를 뜨겁게 하라
심장이 뛰고
의지가 불타올라
마침내 내 팔과 내 다리에 힘이 솟으리니
내 마음에 뜬 새 해야

이창희 제1시집

바람의 길목에서

인　　쇄 | 2012년 11월 26일
발　　행 | 2012년 12월 1일

지 은 이 | 이 창 희
발 행 인 | 서 정 환
발 행 처 | 신아출판사

출판등록 | 1984년 8월 17일 제28호
주　　소 | 전주시 완산구 공북1길 16(태평동)
전　　화 | Tel. 063-275-4000, 063-252-5633
팩　　스 | (063) 274-3131
E-mail | shina321@chol.com
sina321@hanmail.net

값 8,000원

ISBN 978-89-97700-91-2 03810

* 저자와 협의, 인지는 생략합니다.
* 이 책의 발간비 일부는 전라북도문예진흥기금의 지원을 받았습니다.